Alarm auf der

Grotenburg Kampfbahn

KFC Uerdingen und

die Tage des Flutlichts

AF235374

Alarm auf der Grotenburg Kampfbahn

KFC Uerdingen und die Tage des Flutlichts

Auflage 1. September 2022

J.R. Lucas Wolf

Inhalt

Vorwort

Kein Scherz, kein schlechter Witz. Und doch schreibt J.R. Lucas Wolf über einen Oberligisten, dessen Namen jeder kennt. Traurig und wahr zugleich, hiermit sind nicht die aktuellen Nachrichten gemeint. Ein Blick auf die Tabelle der Oberliga offenbart das Geheimnis, das keines mehr ist. Tatsächlich geht es um den KFC Uerdingen, ein ehemaliges Mitglied der hoch dotierten Spielklasse, der 1. Bundesliga. Persönlich fehlt Lucas Wolf dieser Traditionsverein in der ersten Liga. Alarm auf der Grotenburg durch die Gesänge der Fans verursacht. Dazu das Feuerwerk und der Alarm auf dem Rasen, der durch die Spieler des KFC verursacht wird.

Vorbei ist die Zeit, da das Krefelder Flutlicht im Zeichen/Muster der Ersten Bundesliga Liga erstrahlt. Wo man während einem Bundesligaspiel am Station vorbeifährt und das Singen der Fans hört. Anschließend nach einem Bundesligaspiel kaum durch die Straßen, die nahe am Station gelegen sind, vorbeikommt. Die Grotenburg ist stets gut besucht.

Rauch, Bänke von Rauch ziehen am

Lucas Wolfs Gesicht vorbei! Man kann nichts sehen, erkennen, woran es liegt. Gründe, die Schuld daran sind, dass der KFC Uerdingen (Bayer 05 Uerdingen) nicht mehr in der ersten Liga mitspielt.

Wer kennt die ganze Wahrheit?

Wer ist Schult am Untergang?

Vielleicht sind es mehrere, die den Todesstoß veranlassten!

Ein Name fällt immer wieder: die Bayer AG.

Ehemaliger Hauptsponsor Bayer AG. Einen anderen Sponsor hat man zu der Zeit nicht. Die Trennung erfolgt, knall auf Fall über Nacht.

Unter Umständen geht es in einer Ehe sehr wild zu.

In einer sportlichen Beziehung sieht es ähnlich aus.

Einleitung/Kapitel 1

Trennung von der Bayer AG.

Obwohl mit Trainer Friedhelm Funkel in der Saison 1994/95 die Liga (Bundesliga) gehalten wird. Gibt die Bayer AG den Ausstieg vom Sponsoring der Fußball-Bundesliga- Mannschaft Bayer 05 Uerdingen (KFC Uerdingen) bekannt.

Der Rechtsnachfolger des Bayer 05 Uerdingen heißt seit dem KFC Uerdingen 05.

1996 dann steigt Bayer 05 Uerdingen in die Zweite Bundesliga ab. Schließlich führt der große Aderlass an Spielern in der Spielzeit 1998- 1999 zum Abstieg in die Drittklassigkeit.

Erfolgreichste Zeit.

Die Zeit von 1983 bis 1995 gilt als die erfolgreichste Zeit des Bundesligisten Bayer 05 Uerdingen. 1983 gelingt Bayer 05 zum dritten Mal den Aufstieg in die Bundesliga. In den Relegationsspielen wird kein Geringerer als der FC Schalke 04 bezwungen.

In derselben Saison beendet man die Spielzeit ganz souverän auf dem 10 Tabellenplatz.

Unter Trainer Feldkamp gelingt im Jahr 1985 den Gewinn des DFB-Pokals. Im Olympiastadion im ersten Final gegen den großen FC Bayern München.

Das als Wunder von der Grotenburg allerorts bekannte Spiel fand im März im Jahr 1986 in Krefeld statt. Da bezwang Bayer 05 Uerdingen im Viertelfinale des Europapokals der Pokalsieger Wettbewerbs den Dynamo Dresden. Im Halbfinale war dann Schluß, da unterlag man Atlético Madrid.

Sponsoren.

Sponsoren mögen den Erfolg! Das Gegenteil von Erfolg ist Misserfolg und diesen mögen Sponsoren überhaupt nicht. Kaum ist dieser Misserfolg da, ziehen Sponsoren die Reißleine. Der Misserfolg bleibt und fordert seinen Tribut! Der Untergang beginnt. Schon bald wandern einige Spieler der Heimmannschaft ab. Nun beginnt auch der sportliche Absturz. Lizenzen werden nicht mehr erhalten. Zuerst kann die Liga nicht mehr gehalten werden, danach gehen die letzten verbliebenen Sponsoren. Bei dem eigenen Spieler sieht es ähnlich aus. Leistungsträger wandern in besser stehende Mannschaften aus. Rein finanziell ein absolutes Desaster. Jetzt ist der Moment gekommen, da die besten Mitarbeiter nicht mehr gehalten werden können. Sie finden sicher bei der Konkurrenz ein neues Zuhause (Job). Die Zeit ist gekommen, um über einen Neuanfang nachzudenken. Im gleichen Atemzug muss, mit allen zur Verfügung stehenden Mitteln versucht werden. Eine schlagfertige Truppe hinzubekommen. Irgendwie eventuell mit der Beimischung von A-Jugendspielern. Da die Zukunft des Vereins sowieso auf den Schultern der Jugend zu finden ist. Nach viel, Chaos, Missverständnissen, Kritik und einigen Schlammschlachten.

Beginnt gewollt oder ungewollt die nahe Zukunft. Hat man in diesen schwierigen Zeiten sowieso keine andere Wahl als die Flucht nach vorne anzutreten. Ist erst einmal die Talsohle erreicht, geht es bald wieder aufwärts. Da in so schwierigen Zeiten Geld eine Mangelware darstellt. Ist man womöglich gezwungen entweder auf junge Spieler zurückzugreifen oder in niedrigen Liegen fremd zu fischen.

Ein kompetenter Trainer und Betreuerteam sollte die Wiedergeburt von Spielwitz und Erfolg gelingen. Auf der Kostenseite hat man eine maximale Ebbe. Finanzstarke Sponsoren sind sofort ein absolutes Muss!

Neue Geldquellen sind zu erschließen! Bekommt man all diese Punkte einmal in den Griff, steht dem sportlichen Erfolg nicht viel im Weg. Zu einem großen Anteil am Erfolg können die eigenen Fans gehörig beitragen. Forciert werden sollte das Anwerben von zahlenden Mitgliedern. Aber die Art wie man Fußball spielt ist am Ende auch entscheidend dafür, ob es gelingt neue Mitglieder und Fans in die Stadien zu bekommen. Sein Spiel z. B. auf erfolgreich und attraktiv umstellt. Darüber hinaus seine Mitglieder und Fans mit seiner Art Fußball zu spielen einfach von den Socken holt. So toll spielt, dass der ein oder andere

Fernsehsender neugierig und aufmerksam wird. Live im Fernsehen die Berichterstattung über den eigenen Verein erleben zu können, ist wohl eines der schönsten Momente eines Fans (Mitglied, Vorstand). Hat man es einmal geschafft, die Aufmerksamkeit der Medien auf seine Seite zu bekommen, ist es wohl vollbracht. Damit gemeint ist der Richtungswechsel von Chaos und Unübersichtlich auf Sicht frei und einer blühenden Zukunft.

Kapitel 2

Der Titel des Buches sollte ursprünglich lauten: „Die heilige Rita hilft."

Wird es aber nicht! Der Name ist nun bekannt und Änderungen werden nicht mehr vorgenommen.

„Alarm auf der Grotenburg Kampfbahn" „KFC Uerdingen und die Tage des Flutlichts."

Zuerst hat Lucas Wolf die Schnapsidee, den Vorstand, die Spieler und alle die vermutlich Schuldigen, die Schuld daran sind, dass unser

KFC Uerdingen nicht mehr in der Bundesliga (Liga 1-3) spielt. Zu beschuldigen und vielleicht auch ein Stück— weit an den Pranger zu stellen. Sorry, aber wir warten bereits sehr lange darauf, dass endlich ein Licht am Ende des Tunnels sichtbar wird.

Nichts von dem wird passieren!
Lucas Wolf ist nicht Autor geworden, um Menschen an den Pranger zu stellen. Vielmehr um Dinge zu recherchieren und die Wahrheit ans Licht zu bringen. Geht es in erster Linie darum zu, erfahren, warum der KFC Uerdingen es offensichtlich nicht schafft erstklassig zu spielen. Das Zauberwort lautet: Sponsoren.

Doch das Problem ist viel, viel größer. Dazu muss man erst einen gewaltigen Schritt zurückgehen.

Fußball ist nur ein Spiel! Ja und nein! Ja, weil es ein Spiel ist.

Und nein, weil es noch viel, viel mehr ist als nur ein Spiel. Etwas komplizierter ist es und nur wenige Menschen blicken da durch. Eine Sache ist gegen einen Ball zu treten und die andere Sache ist ein Fußballspiel zu spielen. Das nennt man ganz sicher ein Spiel.

Doch wie nennt man es Sponsoren und Investoren an Land zu ziehen?

Und sie davon zu überzeugen, Geld in die Hand zu nehmen, um den Verein zu unterstützen.

Ist das Sponsoring auch ein Spiel?

An dieser Stelle ein Ja und nein!

Ja, es fühlt sich an wie ein Spiel und alle spielen mit. Dazu gibt es einige Spielregeln.

Eine davon lautet: Sponsoren mögen den sportlichen Erfolg und diesen honorieren sie mit „Unsummen" von Geld!

Das Gegenteil von Erfolg ist Misserfolg und diesen Misserfolg finanzieren oder honorieren Sponsoren auf keinen Fall. Also ist es weniger ein Spiel, denn plötzlich wird das Geld und der Erfolg viel wichtiger als der Ball und das Spiel. Jetzt ist es ein Spiel, wo es um Unsummen von Geld geht. Das Geld bestimmt, wer oben mitspielt und wer nicht.

Oder sind es am Ende die Sponsoren und das, Geld, die es bestimmen? Die Spielregeln ändern sich und damit auch das neue Spiel. Nicht mehr nur um den Ball geht es und um die Mannschaft. Die Spielregeln wurden um einen großen Multiplikator erweitert. Den Sponsoren. Mit Beteiligung der Sponsoren ändert sich das gesamte Spiel. Zieht man genügend Sponsoren an Land, kann man den sportlichen Werdegang positiv beeinflussen. Krass ist, es geht auch umgekehrt. Ohne genügend Sponsoren wird der negative Trend sich fortsetzen. Was lange wie ein einfaches Spiel aussieht, verändert sich im Laufe der Zeit. Man gerät in eine Abhängigkeit vom Geld und nichts anderes ist es. Die Wahrheit man ist zu abhängig vom Geld und damit abhängig von Sponsoren.

Um es zu verstehen: Mit Geld kauft man sich bessere Spieler, Trainer, Stadion, Equipment, et cetera. Steigt womöglich in eine höhere Liga auf. Wo wieder mehr Erfolg und noch viel mehr Geld auf einen Verein warten.

Das krasse Gegenteil: Kein Erfolg, also Misserfolg, keine Sponsoren, mehr, keine teuren, Spieler, kein gutes Equipment, et cetera. Der Abstieg in eine niedrigere

Liga ist somit vorprogrammiert. Wer jetzt aber nach der Schuld oder gar den Schuldigen sucht. Dem kann an dieser Stelle vielleicht ein Hinweis genügen, die Zeit verändert alles.

Kleines Beispiel: Früher hat es ausgereicht, jedes zweite Spiel zu gewinnen. In der heutigen Zeit hält sich bei so einer Strategie kein Trainer mehr. Viel weniger geht es danach nach einem Schuldigen zu fragen oder gar zu suchen. Eher darum, Lösungen zu finden, die dieses Problem lösen. Gemeint ist hiermit die große Abhängigkeit der Vereine von ihren möglichen Sponsoren. Natürlich kann man eine Formel aufstellen und danach eine Menge Zahlen hin und her schieben. Anschließend den eigenen Erfolg lesbar oder messbar machen. Zahlen lügen ja nicht!

Doch es geht auch einfacher!

Lucas Wolf sagt: Weniger ist viel mehr! Das ist bereits alles. Hat man es einmal begriffen, der Rest reine Formsache ist.

Lucas Wolf Erläuterung: Das Spiel gleicht dem Spiel Monopoly. Auch bei Monopoly hat man die Wahl. Möchte man viel Risiko eingehen oder eher weniger Risiko. Hat man viel, Geld, das man ausgeben möchte oder hat man weniger Geld. Viel Risiko gleich viel Erfolg!

Warum möchte man überhaupt den großen Erfolg?

Dafür muss man als Nicht-Fan verstehen, worum es im Profifußball geht. Die eigenen Fans, die Stadt, Sponsoren, Vorstand, Trainer und das gesamte Trainerteam machen Druck. Viel Druck.

Druck ist ein weiterer Faktor, wenn es darum geht zu verstehen, wie alles zusammenhängt. Dazu einen gewissen Einfluss auf Sponsoren, Verein, Vorstand, Stadt, Trainer, Trainerteam und Spieler ausübt. Ein permanenter Druck.

Man kauft den Erfolg und erhält dafür Druck von allen Seiten.

Macht dieses auf lange Sicht viel Sinn?

Fans wollen Erfolge sehen, das ist doch klar. Gleichzeitig üben Fans durch ihr negatives Verhalten Druck auf die Mannschaft, Trainer und Vorstand aus. Ein Teufelskreis, aus dem es kein Entrinnen mehr gibt. Fans sind wie viele kleine Sponsoren, mit dem Kauf ihrer Eintrittskarte unterstützen sie ihren Verein. Gleichzeitig üben sie durch ihren zum Teil überzogenen Erwartungen an Mannschaft, Trainer, Trainerteam und den Vorstand. Viel Druck aus.

Gemeinsame Erfolge werden stets gern bejubelt und anschließend groß gefeiert. Doch der gemeinsame Misserfolg wird gnadenlos ignoriert, beschimpft, bekämpft und für nicht akzeptabel gehalten. In einer Phase, wo es um die reine Existenz der eigenen Mannschaft geht, gehen Fans hin und boykottieren den Station-Besuch. Einige bleiben sogar für mehrere Wochen dem Station fern. Nur aus Frust und aus Trotz. Fans sind zu vielem bereit, wenn es darum geht, ihren eigenen Willen durchzusetzen gegenüber der Mannschaft und dem Verein. Fans üben Druck, aus, weil sie es können. Dass dies in dieser heiklen Situation eventuell nicht angebracht ist, wird von den Anhängern (Fans) einfach mal ignoriert. Der mögliche Erfolg ist Fans in dieser Situation viel wichtiger.

Lucas Wolf fragt: „Wie groß darf aber Kritik und Druck der Fans auf Vorstand, Trainer, Trainerteam, Mannschaft und Verein sein?"

„Wie weit darf oder soll der Einfluss der Fans gehen?"

Lucas Wolf sagt: Nicht so weit, dass Spieler der eigenen Mannschaft (KFC Uerdingen) angepöbelt, angerempelt, bespuckt oder gar verprügelt werden. Jagt sollte man auf seine Idole auch nicht machen.

Die Fans müssen ein für alle Mal begreifen, dass sie ein Faktor, vielleicht sogar der wichtigste Faktor, in diesem neuen Spiel sind.

Lucas Wolf sagt: Die Fans sind die Wurzeln eines jeden Vereins. Besitzt ein Verein starke Fans, so ist auch der Verein sehr stark. Negativ ist, wenn ein Verein nur wenige bis gar keine Fans besitzt. Schließlich findet unser Spiel nur aus einem Grund statt, wegen unserer Fans. Der Ball rollt nur für Sie!

Lucas Wolf sagt: „Beide Seiten müssen erst erkennen, wie wichtig sie für einander sind." „Gemeinsam kann man vieles schaffen oder erreichen."

„Arbeitet man aber gegeneinander, so ist die nahe gemeinsame Zukunft bedroht."

Der Verein ist der Baum (Fundament), die Fans die Wurzeln, doch die Sponsoren sind das Wasser. Bildlich gesprochen. Eine Dreiecksbeziehung, die alles ist, nur nicht einfach.

Lucas Wolf, Erläuterung: „Man kann auch in der Oberliga sehr glücklich sein, oder nicht?"

Soll bedeuten, dass man auch in der Oberliga sehr erfolgreich sein kann. Dazu sich weiterentwickelt und viel Erfahrung sammelt.

„Ob das den einmischen Fans reicht?"

Kapitel 3

Die Taktik-Tafel.

Das Spielsystem des KFC Uerdingen kann man durchaus als sehr modern bezeichnen. Der Trainer wählt ein 433 System für sein Team aus. Trainer A. Voigt sollte doch am besten wissen, was er macht. Bei einem Angriff des KFC Uerdingen befinden sich alle Mittelfeldspieler am Mittelfeld (Mittelfeldlinie). Die Abwehrspieler ziehen nur zögerlich nach. Ein Angriff jedoch läuft meistens über die

Außenstürmer ab. Bevorzugt wird die linke Angriff-Seite. Bei einem Gegenangriff stellt der KFC Uerdingen schnell auf ein 442 System um. Und wartet auf den Gegner.

Lucas Wolf sagt: Um aus der Bedeutungslosigkeit herauszukommen, bedarf es nicht nur eines gut funktionierenden Systems, sondern auch besonderer Charaktere. Früher nannte man sie besondere Typen! Spieler mit Charakter, die eine gewisse Selbstständigkeit an den Tag legen. Den Trainer und seine Kollegen entweder hochleben lassen oder bis aufs Blut blamieren. Einfach sind solche Typen von Spieler, nie, jedoch besitzen sie eine Menge Charakter. Das braucht eine Mannschaft wie der KFC Uerdingen, insbesondere, wenn die Mannschaft vorhat. Wieder erstklassig zu werden.

Was kann man generell über das Spielsystem 433 oder 442 sagen?
Das 433 System ist ein eher offensiv ausgerichtetes System. Wobei wenn man sich eher für das 442 System entscheidet für ein sehr defensiv ausgerichtetes System sich entscheidet.
Alles Spielsysteme, die einen sehr flexiblen Spielaufbau zulassen. Am Ende entscheidet sich der Trainer für das Spielsystem, was er mit den

augenblicklich zur Verfügung stehenden Spielern. Auch erfolgreich umsetzen kann. Im modernen Fußball kann jedes System, egal, ob offensiv oder defensiv, flexibel gestaltet werden.

Zur Taktik: „Was bringt es dem KFC Uerdingen, wenn er mit einer super ausgeklügelten Taktik in eine neue Partie geht?"

Am Ende glorreich das Spiel mit sagenhaften 2 Tore Unterschied verliert! Nur, weil es wieder an der Chancenverwertung hapert. Eine Passgenauigkeit von nicht einmal 70 % an den Tag legt und so wenige Schüsse auf gegnerische Tor abfeuert, dass einem ganz übel wird.

„Was bringt es ein 433 System zu spielen, wenn die Chancen, die einem geboten werden, einfach nicht genutzt oder blamabel liegengelassen werden?"

Lucas Wolf sagt: Zuallererst die Passgenauigkeit im Training üben. Hier sollte ein Wert von mindestens 85 % erreicht werden. In Spanien nennt man das wohl Tiki- Taka!

Ein wenig davon abschauen, so klappt es auch mit der Passgenauigkeit. Dazu den eigenen Ballbesitz im Training üben. Ein eigener Ballbesitz von mindestens 50-65 % sollte angestrebt werden.

Lucas Wolf sagt: Die negative oder als unterirdisch zu bezeichnenden

Chancenverwertung muss unbedingt im Training verbessert werden. Genauso wie die als zu wenig anzusehenden Anzahl der Schüsse aufs gegnerische Tor. Training, Training und nochmals Training!

Lucas Wolf sagt: Taktik bedeutet nicht umsonst, man hat einen Plan! Zumindest sagt es dieses Wort so aus. Der Trainer entscheidet sich zuerst für ein System und stülpt dieses System über seine Mannschaft. Taktik beutet jetzt seine Mannschaft bestmöglich auf das eigene System und den zu erwartenden Gegner einzustellen. Zwischen folgenden Strategie kann der Trainer auswählen.

Erste Strategie: Den Gegner, mit seinem System müde spielen! Den Gegner viel laufen lassen.

Zweite Strategie: Ähnelt der ersten Strategie sehr, auch hier lässt man den Gegner viel laufen, jedoch versucht man mit allen Mitteln den Gegner nicht an den Ball kommen zu lassen. Dieser Gegner sollte bereits in der ersten Hälfte der Partie völlig entnervt aufgeben!

Dritte Strategie: Den körperlichen Einsatz erhöhen, die Brust raus und dem Gegner zeigen, man ist präsent. Dabei keinen Ball für verloren geben.

Vierte Strategie: Nebelkerzen, die Zeit tickt gnadenlos weiter, wir aber spielen auf Zeit. Und halten den Ball in den eigenen Reihen. Hat der Gegner aber einmal den Ball zurückerobert, verwickeln wir ihn in Schadmützen.

Ein Zeitspiel ist vergleichbar mit Nebelkerzen, es verwirrt den Gegner, da er nicht sofort erkennt, was die Strategie dahinter ist. Hauptsache ist doch, dass die Zeit abläuft und der Gegner weit vom eigenem Tor ferngehalten wird.

5 Strategie: Chipbälle und lange Bälle hinter den Abwehrreihen des Gegners. Zum einen um den Gegner von eigenem Tor fernzuhalten. Und zum anderen, um Chancen zu generieren. Mit einem

gekonnten Chipball kann jede Abwehrreihe vor große Probleme gestellt werden. Zusätzlich lässt sich mit langen Bällen eine Abwehrreihe gekonnt überlisten.

Lucas Wolf sagt: Jede Taktik bzw. Strategie ist nur so gut, wie der Gegner dies zulässt. Erwähnenswert eventuell noch: Das Training ist durch keine Strategie oder Taktik zu ersetzen. Nichts geht über gut bis sehr gut trainierte Fußballspieler.

Die 6 Strategie müsste demnach lauten: Training, Training und Training. Ist auch so.

Kapitel 4

Das größte Problem.

Lucas Wolf sagt: Das größte Problem des KFC Uerdingen ist die zu geringe Anzahl an zahlenden Mitglieder. Der KFC Uerdingen hat im Jahr 2022 gerade einmal 1044 zahlende Mitglieder. Dazu 1000 Dauerkarten/Eintrittskarten für die diesjährige Saison 2022 verkauft. Jedoch was dem Verein zurzeit fehlt, ist mindestens eine Mitgliederzahl von + 49000. Das ist nur eine angenommene Anzahl an neuen Mitgliedern, die für eine garantierte Geldsumme stehen. Neue Einnahmequellen sind deshalb erforderlich, weil mit diesem Spielermaterial ein möglicher Aufstieg in die zweite oder Erste Bundesliga für nicht möglich gehalten wird. Die Grotenburg Kampfbahn (Fußballstadion) in einem desolaten Allgemeinzustand sich darstellt. Eine Baustelle, die nach Aussage von einigen KFC -Fans ewig andauern kann. Das Fußballstadion hat zwar ein Fassungsvermögen von 34500 Zuschauern. Doch bedauerlicherweise finden im Moment nur 2000

Zuschauer einen Platz darin. Mehr steht wegen der aktuellen Baumaßnahmen im Moment nicht zur Verfügung.

Das zweite Problem des KFC Uerdingen ist: Zu geringe Einnahmen werden durch das Fußballstadion generiert!

Das dritte Problem: Geringe Anzahl an Zuschauern im Stadion und die damit gesunkene Unterstützung der Heimmannschaft.

Das vierte Problem: Finden von neuen zahlungskräftigen Sponsoren. So ein großer Sponsor wie es die Bayer AG einmal war, fehlt dem KFC Uerdingen im Jahr 2022 einfach.

Das fünfte Problem: Dominieren in der 5 Spielklasse sollte für den Vorstand, Trainer und Mannschaft selbstverständlich sein. Ist es aber nicht. Der KFC Uerdingen dominiert in der Liga nicht. Sobald eine etwas stärker spielende Mannschaft, wie 1860 München, kommt, setzt es eine Niederlage.

Das 6 Problem: Offensichtlich besitzt der KFC Uerdingen im Jahr 2022 ein Zahlungsproblem. Spieler berichten in diversen Foren von Zahlungsausfällen bezüglich des KFC Uerdingen. Gehälter werden entweder nur teilweise, verspätet oder gar nicht überwiesen.

Problem 7: Umgang des Vereins mit den eigenen Fans. (KFC Uerdingen). Erreichbarkeit des Vorstands nur noch über das Internet, telefonisch einfach nicht zu erreichen. Die dahinter steckende Strategie ist, einfach Fans sind am Telefon wohl nicht erwünscht!

Lucas Wolf sagt: Bevor man neue Fans anheuert, sollte man die verbliebenen Fans nicht vergraulen. An seinen Verein langfristig anbinden und mit begeisterndem Fußball überzeugen. Eventuell seine bisherige Vereinspolitik umstellt auf freundlich, zuvorkommend und langfristig.

Vorschlag 1: Neue Vereinsmitglieder erhalten ab sofort zum Mitgliederausweis für 6 Monate die Eintrittskartengebühren vergütet.

Soll heißen: Der Jahresbeitrag aktuell von 55 € pro neuem Mitglied wird erhöht um das doppelte. Dafür erhält das neue Mitglied 6 Monate kostenlosen Eintritt für das Grotenburg Fußballstation. Also eine Win-win-Situation. Der Verein erhält so mehr zahlenden Mitglieder und zur gleichen Zeit mehr Zuschauer in das Station.

Vorschlag 2: Der Verkauf eines eigen KFC Uerdingen Biers. Das Bier sollte einen günstigeren Preis haben als z. B. in der Tankstelle.

Vorschlag 3: Es müssen unbedingt mehr hochkarätigere Freundschaftsspiele her als gegen einen Gegner wie dem VFB Uerdingen. Die Mannschaft sollte vielmehr auf Gegner wie z. B. eine Dortmund 2 und Schalke 2 sind treffen. Ein Freundschaftsspiel gegen den FC Bayern München oder FC Barcelona werden nur für sinnvoll gehalten, wenn der Stadionbau vollzogen ist.

Vorschlag 4: Fans und Spieler lernen sich kennen. Autogrammstunde sind ein probates Mittel, um Fans und Spieler zusammenzubringen. Meinungen können ausgetauscht und Freundschaften begonnen werden.

Vorschlag 5: Eigene Spieler langfristig an den Verein binden. Spieler, die selten spielen, dazu noch einen befristeten Arbeitsvertrag erhalten. Können und werden nicht die Leistung abrufen können, die von ihnen erwartet wird.Spielerverträge sollten eine Mindestlaufzeit von 5 Jahren beinhalten. Alles andere ist halbherzig. Sollte tatsächlich der Wiederaufstieg in die Erste Bundesliga das Ziel, sein, so muss auch in Betracht gezogen werden, dass Neuverpflichtungen ein absolutes Muss darstellt. Die Mannschaft muss in so einem speziellen Fall (Wiederaufstieg in die Erste Bundesliga) unbedingt verstärkt werden.

Vertrauen erzeugt Gegenvertrauen. Zahlungsausfälle sorgen nicht gerade für Vertrauen. Der Vorstand muss für Mehreinnahmen sorgen.

Beispiele hierfür: neue Sponsoren, mehr Freundschaftsspiele, den Neubau des Stadions tatsächlich in naher Zukunft, beenden. Der Verkauf eines eigenen Biers. Mehr Werbung schalten in Funk und Fernsehen. Talente im A Jugend Bereich verpflichten und langfristig an den Verein binden.

Kapitel 5

Fanprojekt der Stadt Krefeld.

Nach einer langen Vorbereitungszeit geht im Oktober 2021 das „Fanprojekt Krefeld" an den Start. Das „Fanprojekt Krefeld" wird zu 25 % von der Stadt Krefeld, zu 25 % vom Land NRW und zu 50 % vom DFB gemeinsam finanziert.

Im Stadion, Begleitung der Fans bei Heim– Auswärtsspielen. Eine Zusammenführung von Fan-Clubs und anderen Fans. Große Unterstützung bei Anmeldung von Choreografien.

Die Konfliktlösung.

Eine Aktion zur Gewaltprävention und gegen Rassismus.

Außerdem noch außerhalb des Stadions.

Die Hilfestellung und Beratung bei: Problemen in Schule und Beruf.

Privaten Problemen.

Alkohol- und Drogenproblemen.

Freizeit und Sozialpädagogik.

Aktionstage mit dem Verein KFC.

Organisation und Veranstaltungen (Fan-Café).

Einzelfallvermittlung zwischen de Fans und dem Verein.

Fair Play.

Was versteht man unter Fair Play? Fair Play (Fairplay) Fairness. Ist ein Begriff, der ein bestimmtes sportliches Verhalten kennzeichnet, das über die bloße Einhaltung von Regeln hinausgeht. Auch beschreibt es eine Haltung des Sportlers, und zwar die Achtung des bzw. den Respekt vor dem sportlichen Gegner sowie die Wahrung seiner psychischen und psychischen Unversehrtheit. Der sportliche Gegner wird als Partner gesehen oder zumindest als Gegner, dessen Würde es zu achten gilt, selbst im härtesten Kampf.

Anreise.

Die sichere Anreise der Fans.

Warum das Ticket des ÖPNV nicht dazu berechtigt, kostengünstig bzw. kostenlos bis ins Grotenburg-Stadion zu fahren, ist Lucas Wolf ein Rätsel!

Gerade jetzt, wo das 9-Euro-Ticket in aller Munde ist, kann man doch ein Zeichen setzen, seitens der Vereinsführung!An der Stelle ist nur noch ein Kopfschütteln angesagt. Der Vorstand des KFC Uerdingen beweist in für die einheimischen Fans schwierigen Situation sehr wenig Fingerspitzen Gefühl. Gerade jetzt kann man von seitens des Vorstands, erwarten den

KFC-Fan ein wenig zu entlasten. Nicht nur, damit der KFC-Fan die ökologisch bessere Wahl trifft, sondern weil dies auch eine sehr sichere Art der Fortbewegung darstellt. Ganz zu schweigen von der positiven Bilanz bezüglich Autoabgasen, Lärm, Stau und der damit verbundenen Umweltbelastung. Hier an diesem Punkt kann der Vorstand zeigen, aus welchem Holz er geschnitzt ist. Auch was der Vorstand gedenkt gegen diese drohende Klimakatastrophe zu unternehmen. Welchen Beitrag der Verein aus freien Stücken bereit ist zu leisten. Damit auch viele Generation nach uns auf der

Grotenburg Kampfbahn (Stadion) tolle Fights erleben.

Der Fanbeauftragter.

Aktuell besitzt der KFC Uerdingen keinen Fanbeauftragten. Händeringend wird um einen Ersatz gesucht. Das ist keine so gute, Situation, da der Fanbeauftragter immer eine Brücke (Bindeglied) zwischen den Fans und dem Verein darstellt. In der Regel ist der Fanbeauftragter der erste Ansprechpartner bei allen Fragen rund um die Anstoß Zeiten, Spielplan Fragen, Ticketprobleme, Stadionverboten. Auch ist er die Schlüsselperson, wenn es darum geht, die Meinungen, Ansichten und Stimmungen und Stimmungsschwankungen der Fans zu erfahren. In unzähligen Gesprächen kann der Fanbeauftragter Konflikte sofort erkennen und zu einer Lösung beitragen. Das Schlüsselwort lautet hier Frühprävention. Konflikte werden beseitigt, bevor sie eskalieren.

Im Fußball gibt es einen alten Satz. „Einen Club behält man sein Leben lang."

Damit wird auf dem Punkt gebracht, was es bedeutet, Fan eines Vereins zu sein. Ein Fan bleibt seinen Farben treu, geht mit seinem Club durch dick und dünn.

Fans nehmen viele Strapazen auf sich, nur um am Wochenende in den Fußballstadien der Nation ihre Mannschaft begeistert anzufeuern.

Kapitel 6

Das Station.

Nach einer 4-jährigen Abwesenheit trägt der KFC Uerdingen seine Heimspiele wieder in gewohnter Umgebung aus. Nämlich in der heimischen Grotenburg Kampfbahn. (Stadion) aus. Das genau seit dem 23.04.2022. Der Stadionumbau wird von der Stadt Krefeld finanziert. Doch wie lange dieser Umbau des Stadions noch notwendig sein wird, ist einfach nicht in Erfahrung zu bringen! Nach Aussagen der Fans reicht es langsam. Den Unmut der Fans kann man durchaus teilen, denn in der Grotenburg Kampfbahn passen zurzeit nur 2000 Fans statt der maximalen üblichen 34500 Fans hinein. Man rufe sich in Erinnerung: Der Stadionbau begann im Jahre 2018 und ist Stand heute nicht annähernd das, was man als fertiggestellt definiert. Als KFC Fan wird man wohl noch eine Weile ausharren müssen, bis eines Tages das Tor geöffnet und mehr als 2000 Fans ihren Platz einnehmen dürfen. Also eine weniger gute Nachricht für alle, die es mit dem KFC Uerdingen halten. Viel Geduld wird von dem einheimischen Fan abverlangt und die Stimmung droht zu kippen. Besser ist es, wenn der Umbau des Stadions in absehbarer Zeit der Vergangenheit angehört. Und einheimische Fans, ihre viel geliebten Spieler gemeinsam anfeuern.

Kapitel 7

Finanzielle Situation.

Zur aktuellen Finanzlage des

KFC Uerdingen: Von offizieller Seite besteht noch keine belastbare offizielle Mitteilung, bezüglich Aktiva und Passiva. Dies sollte sich aber in absehbarer Zukunft ändern, da belastbare Zahlen für eine glaubwürdige Recherche unabdingbar sind. Heimische KFC-Fans möchten schließlich wissen, wie gut, oder wie schlecht, es ihrem Verein finanziell geht. Hoffentlich reicht der

Vorstand des KFC Uerdingen die Zahlen nach.

Vor nur einem Jahr musste nach der GmbH auch der Verein noch die Eröffnung eines Insolvenzverfahrens beantragen. Die Entschuldung aber wurde vom Vorstand konsequent vorangetrieben. Überdies konnte der KFC Uerdingen einen neuen Hauptsponsor mit Hermes Arzneimittel an Land ziehen. Trotzdem gibt es in der Führung noch Verbesserungspotenzial in den Punkten Transparenz und der Kommunikation. Weiterhin fehlen ein Trainings- und Vereinsgelände. Kaum zu glauben und dennoch wahr, die größten

Probleme bereitet weiterhin die Zusammenarbeit mit der Stadt Krefeld. Zurzeit aber fährt man mit der Stadt Krefeld seitens des Vorstandes offenbar einen Schmusekurs.

Dennoch gibt es immer noch drei große Baustellen: Station, Geschäftsstelle und das Vereinsgelände. Im Jugendbereich aber zeichnet sich eine Kooperation mit dem SC Bayer 05 Uerdingen und dem KFC Uerdingen ab. Wieder einmal gibt es nur eine Notlösung, aber keine wirkliche Perspektive. Dazu kommt, dass die Geschäftsstelle nur angemietet wurde. Und zwar wurde das sogenannte

„Gelbe Haus" (an der Violstraße) von der Stadt Krefeld angemietet.

„Man fragt sich an dieser Stelle, dennoch, warum die Stadt Krefeld das „Gelbe Haus" dem KFC nicht einfach zu Verfügung stellt?" Statt es an den Verein zu vermieten.

Was die Grotenburg (Stadion) angeht, gibt es seitens der Stadt Krefeld immer noch keine Zusage, dass dauerhaft auf der Grotenburg Kampfbahn gespielt werden kann. Durch eine Ausnahmegenehmigung aber dürfen zur Zeit ganze 2000 KFC-Fans ins Stadion. Einziges Wermutstropfen, Gäste- Fans dürfen nicht ins Stadion. Auch ist ein viertklassiger Spielbetrieb aufgrund fehlender Sicherheiten immer noch nicht möglich. Man ist seitens des Vorstands dabei eine Notlösung bzw. Maßnahmen zu finden bezüglich eines Spielbetriebs in der Ober-Regionalliga. Trotzdem gibt es etwas Gutes zu vermelden, denn aktuell gelten die finanziellen Probleme als gelöst. Der KFC Uerdingen ist stand heute September 2022 schuldenfrei. Der sportliche Absturz aus der Regionalliga konnte dennoch nicht verhindert werden. KFC-Uerdingen, der Verein ist sich aber in der Frage um den Wiederaufstieg (Bundesliga) einig, dieser wird jetzt in Angriff genommen. Gilt auch offiziell als ausgerufenes Ziel. Ohne belastbare Zahlen ist auch keine Beurteilung der finanziellen Lage möglich. Sollte sich jedoch die finanzielle Lage deutlich verbessert haben, kann über kleinere Neuinvestitionen nachgedacht werden. Andernfalls, sollten die Zahlen eine rote Farbe aufweisen, sprich sich im negativen Bereich befinden. So ist eine Stagnation vorprogrammiert und Investitionen in die Zukunft noch nicht möglich.

Kapitel 8

Jugendarbeit.

Die Jugend wird oft mit der Zukunft verglichen. Tatsächlich lässt sich erklären, warum das so ist. Blickt man z. B. auf die Fußballmannschaft des KFC Uerdingen, der A-Jugend, so kann man bereits heute ein Teil der Zukunft erhaschen. Erstaunlich ist, wie schnell und athletisch sich junge Fußballspieler fortbewegen. Aber man kann auch, sehen, warum ihnen noch nicht die Gegenwart, gehört, sondern die Zukunft.

Vieles ist noch nicht perfekt und vielleicht muss der ein oder andere junge Spieler den Platz verlassen. Weil dieser Spieler noch nicht so spielt, wie Trainer Voigt es vorgibt. Die Jugendabteilung des ehemaligen Bundesligisten Bayer 05 Uerdingen hat sehr große Erfolge nachzuweisen. Nicht vergessen sind die Meistertitel der A und B-Jugend des Bayer 05 Uerdingen. An diese Erfolge versucht der rechtliche Nachfolger KFC Uerdingen 05 anzuknüpfen. Zurzeit kann man nur hoffen, dass Vorstand und Trainerteam die Zeichen der Zeit erkennen und verstärkt auf ihre starke A-Jugend

Mannschaft setzen. Am Ende sollte eine erfolgreiche Mannschaft aus einem Mix von alten und sehr jungen Spielern gefunden werden. Die alten Spieler sind wichtig wegen ihrer, Erfahrung die sie mitbringen. Junge Spieler sind schnell, auch reaktionsschnell, ausdauernd. Lernen sehr fix und erkennen ihre Chance, wenn sie denn gekommen ist.

Ja der Jugend gehört die Zukunft und die ist alles, aber bestimmt nicht schlecht.

Sportlich geht es aufwärts. Die gute Jugendarbeit beim KFC Uerdingen trägt erste Früchte.

Platzierung von A- und B

Jugendmannschaft.

2018/2019: A-Jugend Platz 1.

B-Jugend Platz 1.

2019/2020: B-Jugend Platz1.

KFC Uerdingen 2.

2020/2021 B-Jugend Platz1.

KFC Uerdingen 2.

2021/2022 B-Jugend Platz1.

KFC Uerdingen 2.

Das sieht bereits gut aus.

Nachtrag

Würde man viel Geld besitzen, um den KFC Uerdingen aus dem jetzigen Alptraum holen zu können. So würde es sich nach einer, der 1001 Guten-Nacht Geschichten anhören. In der Realität angekommen, sieht es ganz anders aus.

Ganz allgemein kann ein Verein sehr schnell in eine finanzielle Schieflage geraten. Beim KFC passierte genau das. Die Einnahmen brachen weg. Generell sind die Gründe hierfür sehr vielseitig. Eine hohe Inflation, hohe, Arbeitslosigkeit, das Sterben vieler Firmen. Vereine haben einen ganz großen Nachteil, sie beschäftigen viele Arbeitnehmer.

Warum stellt das ein großer Nachteil dar?

Die Gründe dafür sind vielseitig. Menschen können ganz plötzlich erkranken, sich anders umschauen, zur Konkurrenz abwandern, überhöhte Forderungen stellen, aus dem Arbeitsleben ausscheiden, ableben, viel Druck ausüben. Das sind alles Dinge, die schlecht bis gar nicht kalkulierbar sind!

Wie soll man so planen können?

Tatsächlich stell der Mensch das größte Risiko in einer Planung dar. Das ist nicht nur wegen in astronomische Höhen steigenden Personalkosten. Die den Verein und Vorstand auch in eine finanzielle Notlage bringen kann. Auf der anderen Seite geht es ohne Menschen gar nicht. Der Mensch muss ja im Mittelpunkt stehen! Menschen sollen ihre Freizeit gemeinsam gestalten und überdies gut miteinander auskommen. Gibt es doch nichts Schöneres als begeisterte Fans beim Singen und anfeuern ihrer Idole zuzuschauen.

Lucas Wolf sagt: Eine Zukunft ohne

Menschen möchte man sich besser nicht vorstellen.

Auch, wie soll so eine Zukunft aussehen?

Spielen in einer weit entfernten Zukunft, Roboter gegeneinander?

Stellen Vereine in Zukunft mehr auf Roboter, um, wenn es um die Personalfrage geht?

Was wird mit dem Zuschauer geht, dieser noch ins Stadion?

Lucas Wolf möchte in so einer Zukunft nicht leben. Dafür liebt er den aktuellen und von Menschen zelebrierten Fußball zu sehr.

Vorstand und Trainerteam werden bestimmt eine Mischung kreieren, die zu überzeugen weist.

Die nächste Aufgabe kann es sein, U19 Spieler zu generieren (auszubilden). Damit man eine Spielklasse schafft, die auch eine Zukunft hat. Kann man dieses Niveau halten, lässt sich im gleichem Atemzug großes erwarten. Allgemein sollte ein Verein sehr viel Zeit mit seinen jungen, noch nicht ausgereiften Spielern verbringen. Außerdem diese noch sehr jungen Spieler an sich binden (Verein). Der Jugendarbeit sollte viel mehr Aufmerksamkeit zuteilwerden. Schließlich formt man jetzt, mit diesen jungen Spielern, ein schönes Bild der nahen Zukunft. Keine Zweifel, der KFC Uerdingen baut an seiner Zukunft.

Danksagung

Obwohl das Schreiben eines Buches häufig ein einsames Unterfangen darstellt, kommt dennoch kein Autor ohne Hilfe aus. Jedes Mal, wenn eines meiner Bücher erscheint, stehe ich als Autor im Vordergrund. Das ist nicht besonders fair, weil es immer vieler Menschen bedarf, die eine solche Publikation überhaupt erst ermöglichen. Das war natürlich auch bei mir der Fall. Und all die lieben Menschen, die mir während des Schreibens eine Hilfe gewesen sind, sollen hier eine besondere Erwähnung finden.

Zuerst richtet sich mein Dank an meinen Verlag BoD (Books on Demand). Dass überhaupt jemand bereit war, zu veröffentlichen, dass von mir kreiert wurde, ist fast ein kleines Wunder. Dafür vielen Dank und auch für das offene Ohr und die motivierenden Worte, wenn ich mal wieder vor einem leeren Blatt saß und nicht weiter wusste. Danke für die Mühe und die Geduld, mein sehr geschätzter Verlag (BoD).

Und selbstverständlich geht mein

Dank auch an meine Familie, meinen Eltern, meinem Bruder und meinen drei Schwestern. Die mir immer die Kraft und die Zeit gaben, mich meinem Buchprojekt zu widmen. Ohne euch würde ich das niemals geschafft haben können.

Keinen geringen Anteil an der Fertigstellung haben auch: Eva (P.) Wolfgang (S). Immer wenn ich kurz davor war, alles hinzuwerfen, habt ihr mich wieder aufgebaut und zum Weitermachen ermutigt.

Einen großen Dank auch an meine

Leser und den zukünftigen Lesern, ihr seid mit ein Grund dafür, warum ich schreibe. Vielen Dank an alle, auch an die, die nicht namentlich erwähnt wurden. Ich weiß das sehr zu schätzen. Danke.

Literaturverzeichnis

Internet

RP-Online

DFL

KFC-Uerdingen

Wikipedia

Eigene Geschichte

Impressum

Autor: J.R. Lucas Wolf

E-Mail: luquetejero@hotmail.com

Herstellung und Verlag: BoD — Books on Demand, Norderstedt.

E-Book ISBN: 9783756837984

Paperback ISBN:

Printed: In Germany